그대가 오늘의 중심입니다

그대가 오늘의 중심입니다

주석 지음

담앤북스

세상의 가장 중심인 그대에게

"땅에서 넘어진 자 땅을 딛고 일어서라."

고려 불일보조국사佛日普照國師 지눌 스님의 이 말씀은 고통의 끝자락, 고통의 가장 깊은 곳에서 '아, 이제 그만하고 싶다.'라는 생각이 들 때마다 저를 일으켜 세운 언어의 힘, 말의 힘을 가지고 있습니다. 사람이 만든 선과 악의 상황에서도 말과 글은 그럼에도 불구하고 다시 사람임을 깊이 느끼게 해 주는 매개체였습니다.

『오늘의 발끝을 내려다본다』를 출간한 후 코로나19 팬데믹을 겪으며 스스로 만든 상황과 타의에 의해 만들어진 고통과 실의 속에서도 저를 두 눈 반짝이게 하고, 불합리한 상황 속에서도 '괜찮아. 모든 일은 그만한 이유가 있어 일어나는 것이고 사라지는 것이다.'라고 저를 다독일 수 있었던 것은 경전과 잠언에서 찾은 지혜로운 분들이 남겨 놓은 말과 글의 힘 덕분이었습니다.

이 책도 담앤북스 오세룡 대표의 말에 힘입은 바 큽니다. 제가

밴드에 남긴 글들을 보고 "세상과 공유해 또 다른 누군가에게 말과 글의 힘을 전해 보자."고 제안해 주었습니다. 또한 부끄러운 글에 영광스럽게도 한국 문단의 든든한 거목이신 정호승 시인께서 추천의 말씀으로 책 속의 글이 더욱 빛나게 해 주셨습니다. 짧은 추천사에서 저의 모습을, 그리고 앞으로 걸어가야 할 제 미래의 모습을 명확히 짚어 주신 것 같아 무명 풀옷을 다시 여법하게 여미게 됩니다.

일어날 만한 일이 일어나는 것이고 사라질 때가 되면 사라진다는 우리 스승 붓다의 말씀을 마음에 새기며, 삶의 시간 속에서 고통을 승화시키며 남겨 둔 저의 아포리즘을 통해 모든 것은 지나가는 것임을, 그럼에도 불구하고 사람임을, 세상의 가장 중심인 여러분과 나누고 싶습니다.

2024년 8월
주석 두 손 모음

차례

서문   4

1

———

사
색
하
는

아
침

아플까 봐   14

덜 여문 과일   15

꽃은 피고   16

지켜봐 주는 것   17

향기를 만드는 하루   18

비 내리는 아침   19

아름다운 입으로   20

반복되지 않는 것   21

행복의 가치   22

오늘의 중심   23

푸른빛   24

지금 이 순간   25

행운과 행복   26

감사하는 하루   27

무명 풀옷   28

봄날의 아지랑이   29

아름다운 균형   30

실체가 없는 형상   31

한번쯤 살아 보고 싶은 곳   32

사람 사는 일 33

길이 끝나는 곳에 34

파도를 거둬들여 36

있는 그대로 37

삶의 시간 38

그저 좋은 39

가장 큰 일 40

적당한 거리 41

아름다운 회향 42

적당할 때 44

버리는 일 45

소리로 듣기 46

돌아보고 살펴보고 47

때가 있다 48

욕망이라는 무게 49

공존의 의미 50

영혼이 담긴 음악 52

약속 53

균형 54

오늘의 화두 55

향기 56

가장 예쁜 오늘 58

조금씩 조금씩 59

그리움 60

가을 61

산을 내려가듯 62

뒷모습 63

감정의 재산 64

존중 65

과거에 매이지 말라 66

화엄중중법계 67

짐작할 뿐 68

영원하지 않다 69

그대 떠나려거든 70

시간을 견뎌 낸 것 71

길 72

저녁 하늘 73

그림자 74

비겁한 마음 75

밤하늘 76

삶의 파도 77

밤이라는 이불 78

세 단어 79

물고기처럼 80

고독 사용 설명서 81

돌 82

인생의 짐 83

하루하루 86

세상 87

화중연화 88

가벼워지기 89

미소 90

땅을 딛고 일어서라 91

홀로 고요히 92

보름 전의 일 93

사홍서원 94

저녁 시간 95

2

시
가
있
는
저
녁

아무것도 _ 주석 100

발자국 _ 박두순 102

마음이 따뜻한 사람 _ 김용화 104

인연 _ 정채봉 106

봄밤의 반가운 비 _ 두보 108

인생은 그런 거더라 _ 김종구 110

그냥 좋은 것 _ 원태연 112

호수 1 _ 정지용 114

삶 _ 김달진 116

너무 괜찮다 _ 박세현 118

사람이 있어 세상은 아름답다 _ 이기철 120

산속에서 _ 나희덕 122

스승의 마음 124

빈 의자 _ 장서언 126

푸른 곰팡이 _ 이문재 128

강물이 될 때까지 _ 신대철 130

생일 _ 이홍섭 132

인생 _ 라이너 마리아 릴케 134

그리움 _ 나태주 136

긍정적인 밥 _ 함민복 138

서시 _ 김남조 140

꽃을 보려면 _ 박두순 142

나무 _ 이형기 144

손을 사랑하는 일 _ 피재현 146

바랑의 무게 150

입추 _ 김용택 152

가을 단풍 _ 서윤덕 154

대추 한 알 _ 장석주 156

가을 엽서 _ 안도현 160

푸른 책 _ 박유라 162

가을비 내리는 밤에 _ 최치원 164

나의 마음 _ 주석   166

희망공부 _ 정희성   170

푸른 밤 _ 박소란   172

그 마음 고요히 _ 성낙희   176

살다가 보면 _ 이근배   178

숨 고르기   182

마음의 길   183

그렇게 못할 수도 _ 제인 케니언   184

거울 _ 실비아 플라스   186

인생 _ 양광모   188

산산조각 _ 정호승   190

너에게 _ 서혜진   192

내가 나에게 _ 박광수   194

살다 보니 _ 주석   198

휴일의 평화 _ 심보선   200

사람이 풍경으로 피어나 _ 정현종   204

넘어져 본 사람은 _ 이준관   206

출처   208

1

사색하는 아침

아플까 봐

아플까 봐
차마 가져오지 못하다가
염치불고廉恥不顧하고
나에게로 데려왔다.
그 향기
그 자태를.
봄이었다.

덜 여문 과일

덜 여문 과일은

비바람에

버티는 힘이 약하다.

봄이라고

얇은 옷 입고 나오면

감기 한 번쯤

꼭 걸린다.

아직 덜 쌓아서

이루지 못한

일들 앞에서도

너무 조급해하지 말고

숨 한번 쉬어야 하지 않을까 싶다.

꽃은 피고

꽃은 피고

지고

다시 새로운 꽃이 피어난다.

4월에

핀 꽃은 지고

5월에

꽃은 다시 피었다.

그렇듯

5월 꽃은 지고

6월 꽃이

다시 피어날 것이다.

지켜봐 주는 것

선물 같은 하루 시작합니다.
말을 잘 듣지 않는 아이
말 잘 듣게 하는 방법은
기다려 주는 것이라고 하더군요.
물론 따뜻한 눈빛으로 지켜봐 주라는
것이겠죠.
어른아이도 그렇지 않을까 싶은데….
사람을 잘 지켜봐 주는 것도
공부이지 않을까 싶습니다.

향기를 만드는 하루

어디에 있어서
더 빛이 나는 것이
있습니다.
사람도
어떤 마음으로
어디에서
무엇을 하느냐에 따라
가치가 더하지 않을까 싶어요.
향기를
만드는 우리였으면 해요.

비 내리는 아침

산에도
바다에도
나무 위에도
마음 위에도
비가 내립니다.
못난 마음에도
잘난 마음에도
상처 입은 마음에도
환희로운 마음에도
아침
비가 내립니다.
똑같이
내리는 비에
젖고 젖지 않는 것은
각자의 몫입니다.
비 내리는 아침
그 비에 흠뻑 젖어 봅니다.

아름다운 입으로

입으로는
여러 가지를 할 수 있다.
타인을 비난하는 말도
타인을 칭찬하는 말도 할 수 있고
아름다운 노래도 부를 수 있다.
어떤 종교를 가지고 있든
그 종교의 기도와 수행으로 세상을
사람을 바라볼 수 있는
통찰의 눈이 생기면
비난과 칭찬에 쉽게 입을 열지 않는다.
아름다운 입으로 아름다움을
노래하는 날들이 우리에게 주어지기를….

반복되지 않는 것

반복되지 않는 것이기에
삶에서 마지막 순간을
아름다움이라 말하는지도 모릅니다.
우리의 하루하루도 반복되지 않더군요.
다시 돌아오지 않는 오늘,
잘 살아야 할 것 같습니다.

행복의 가치

그렇게 하루는
밝아 오고
그렇게 오늘은
행복이 됩니다.
태양은 이렇게
세상을 구분 없이
비추어 줍니다.
누구에게나 오는
행복.
자신의 것으로 만들어서
행복의 가치를
잘 알았으면 합니다.

오늘의 중심

원의 어느 자리에 서 있어도
그 사람이
원의 중심이 된다.
세상 그 어느 자리에 있어도
우리는 누구누구 할 것 없이
세상의 중심이 된다.
지금 현재 발 딛고 있는
그 자리가 그 사람에게 중심.

그대가 오늘의 중심입니다.

푸른빛

받는 것에만 익숙한 삶은
상대에게 베푸는 것에는
익숙하지 못한 경우가 많다.
그래서 물 한 잔 나눌 마음도 못 내는 것이다.
항상 나만 손해 본다는 생각에
자신을 옭아매는 어리석음은 없었는지
성찰해 보게 된다.
낮에 그토록 치열했던 삶이
밤에는 낮의 푸르름이
얼마나 되는지
챙겨 본다.
내 마음, 그대 마음에 말이다.
청아한 푸른빛 말이다.

지금 이 순간

지금 이 순간을 살아라.

이 말처럼 쉽게 살 수 있다면 좋으련만

그렇지 못할 때가 많지요.

그래도

오늘 지금 이 순간에

최선을 다해서

행복하게.

행운과 행복

무수히 많은 행운 속에서

행복은

무엇일까

생각해 봅니다.

행복 속에 있으면서도

행운을 찾아 헤매고,

우린 그렇게 악순환의

시간을 보낼 때가 많습니다.

우리 옆에 항상 존재하는

행운을

행복을

오늘

눈 크게 뜨고

찾아보셨으면 합니다.

감사하는 하루

그때 그런 일이 없었더라면

그때 그 사람을 만나지 않았더라면.

이런 후회들로

생각이 깊어지는 날이면

깊이 깊이

아플 때가 있지요.

그것 또한

지금의 우리를 만든

자양분인데 말이죠.

지금에

감사하는 하루를

시작해 봐요.

무명 풀옷

코끝이 찡할 정도로 바람이 찹니다. 아침에 문득 무명으로 만들어진 옷을 손보았습니다. 이제는 적당히 닳을 만큼 닳은, 한풀이 아니라 두 풀, 세 풀 정도 숨이 죽은 무명 옷을 들여다보면서 가만히 미소짓게 되더군요. 오래전, 아직 덜 익고 덜 숙성된 사람을 이를 때 '손질 덜된 풀옷 같다.'는 표현을 자주 썼거든요.

풀옷을 손질해 본 분들은 아시겠지만 풀만 잔뜩 먹인다고 되는 것이 아닙니다. 풀을 적당히 먹이고 손으로 다듬고 밟는 과정을 예닐곱 번 반복한 후 다림질을 해야 반질반질하고 입어도 전혀 불편하지 않은 옷이 됩니다. 이런 과정을 거치지 않은 풀옷은 입으면 불편하고 어색해 보이고 또 이상하게도 풀이 빨리 죽어 버리거든요.

사람에게도 그런 시기가 있더군요. 아직 시간의 무서움을 알지 못할 때는 마치 손질 덜된 풀옷처럼 누가 봐도 자연스럽지 못하고 불편한 이미지를 주고, 쉽게 풀 기운이 사라지는 듯합니다. 이제는 닳고 닳아 편안함으로 자리한 이 풀옷처럼, 나도 많은 과정을 거쳐 손질 잘된 편안함을 가질 수 있도록 해야겠습니다.

봄날의 아지랑이

봄날의 아지랑이가 떠오를 때가 있습니다. 길을 걸을 때 '저 언덕 지나고 나면 다다르겠지.' 하고, 마치 봄날에 보일 듯 말 듯 만나는 아지랑이처럼 희망을 가집니다.

아지랑이는 라틴어로 '네불라nébŭla'라고 하는군요. '보잘 것없는'이란 단어와 '안개 낀'이라는 단어에서 파생한 것인 데요, 이는 인도 고대어인 산스크리트 '작은 구름nebhelo'에 서 유래한 말이라고 합니다. 인도어를 그리스어가 차용하고 다시 라틴어가 수용한 것이지요.

이 한 단어가 돌고 돌아 '아지랑이'라는 단어로 만들어지 기까지 긴 세월이 있었을 것입니다. 우리 삶의 시간도 마치 아지랑이처럼 잘 보이지 않을 때가 있지만 저 모퉁이 돌아서 면 나타나겠지, 끝이 나겠지 하는 희망 하나 가슴에 얹고 걸 어가는 것이 아닌가 싶어요. 쉽게 포기하지 않고 말이죠.

시간을 살아 낸다는 것은 우리 마음속의 아지랑이를 그렇 게 잘 돌보는 일이 아닌가 싶기도 합니다. 인간이 만들어 낸 단어 하나도 긴 시간 속에서 이렇게 돌고 돌아 이루어졌음 을 느끼니, 어찌 사람 만들어지는 것이 짧은 시간으로 될까 요. 삶의 시간이 아지랑이처럼 가물거립니다.

아름다운 균형

Unbalanced.
한번쯤
균형을 깨뜨린 일상을
꿈꿀 때가 있다.
오늘
우리의 하루가
그리하여서
새롭게 맞이하는
또 다른 날이
아름답게
균형 잡히기를.

실체가 없는 형상

실체가 없는
형상을
실체가 있는
것으로
만들어 가는 것도
우리 사람이다.
사라지는 실체를
영원한 것이라
믿으면서 그렇게
만들어 간다.
잠깐 지나가는
실체 아닌 실체에
마음을 담아 보았다.
그분이 우리에게 오신
따뜻한 날이기에!

– 부처님오신날에

한번쯤 살아 보고 싶은 곳

누구에게나
한번쯤 살아 보고 싶은 곳이
있을 것이다.
내게는 통영이 그런 곳이었다.
해 질 녘
선창가를 어슬렁거리면서
바라보던
고깃배 그림자들.
나그네의
고됨을 잊게 해 주던
뜨끈한 국물 한 그릇에
낯선 동네는
외롭지 않은 곳이었다.
그 뜨끈한 국물 한 그릇
앞에 두고
미움이니 원망이니 하는 것은
짧은 삶의 시간에
못난 사치인 것 같았다.

사람 사는 일

아름다운

자연 앞에서는

모든 것이

다 용서되고 이해되고,

저 맑디맑은 하늘 아래

이해하지 못할 것이

무엇일까 싶은데,

사람 사는 일은….

길이 끝나는 곳에

"길이 끝나는 곳에 길이 있었다."

시인이 읊조린 것처럼
인생 여정에서
막다른 길에 다다를 때가
수없이 많지만
어떤 길의 끝에는
또 다른 길이 나타나기도 한다.
다만 그 새로운 길을
빨리 파악하지 못해
새로운 길 앞에서 한참을
서성이기도 하지만 말이다.
지금 우리
새로운 길 위에 서 있다면
백척간두百尺竿頭에서 진일보進一步하는 마음으로
한 발 더 내디뎌 보는 것이다.
안개에 덮인 길의 시작 앞에서
그 길을 걸을 수 있는지

스스로를 지켜보는

시간일 수 있으니.

또렷하게.

파도를 거둬들여

아침
바다 위로 떠오르는
해를 보았다.
물이
부딪쳐 만들어 내는
파도는
우리의 시작을
알려 주었고
이제 지금 이 시간
파도를
거둬들여
산으로 들어갈 시간이다.

있는 그대로

햇살 좋은 날
굳이 삶을 분해하지 말고
있는 그대로 행복하기
있는 그대로 바라보기.

삶의 시간

햇살이
깊은 날은
귀한 줄 모르다가
옅은 날은
이렇게
그리워합니다.
햇살이
따뜻할 때
귀함을
알아야 할 것 같습니다.
삶의 시간도 그렇겠지요.

그저 좋은

그저
좋은
하늘이 있고
나무가 있고
그리고
우리가
걸어가야 할
길이
있습니다.
이것이면
되지 않을까요.

가장 큰 일

굳이
무엇을 하려고 하지 말라.
그저
눈 뜨고 하늘을 바라보고
바람을 느끼고
숨 쉬는 오늘이
가장
큰 일을
하고 있는 것이다.

적당한 거리

제가
좋아하는
풍경이 한 곳 있습니다.
그곳은 적당한 거리에서
바라볼 때
더 아름답습니다.
계속 본다고
더 아름다운 것도 아닙니다.
적당하게
거리를 두면서
아껴서 보기도 하고
못 볼 때는 마음에
눈빛에 담아 두려 합니다.
손에 쥐고 있다고
가진 것이 아니라
놓아 버렸을 때
진정 행복해짐을
원초原初에
마음으로 느껴 봅니다.

아름다운 회향

같은 장소를 반복해서
가다 보면
만나지는 사람들이 있다.
반복해서 얼굴을 보게 되니
친해진 마음에
조금은 머쓱해하면서
내게 이런 말을 남긴다.
"한 번 보게 되면 인연이고
두 번 보게 되면 필연이고
세 번 보게 되면 운명입니다."
지금은
그 세 번의 세 번
또 그보다 더한 세 번을 넘어
'운명'이라는 말
더 이상 쓸 수가 없어서
그저 웃는다.
인연과
필연
운명의 차이는 무엇일까.

사람과

사람이 만나는 일이

계산된 흐름이 아닐진데도

수없는 시행착오를 겪는 것은

여전히 운명을 만나기란

쉽지 않음인 때문일까.

사람과 사람의

아름다운 회향을

생각해 보게 된다.

적당할 때

딱 이만큼이다, 라고
여기는 상황과
사람이 있다.
조금 더 기회를 주고 싶고
조금 더 좋아지기를 바라는 마음에
아플 때도 있지만
그때가 멈춰야 하는 때라는 것을
우리 자신이
가장 잘 알고 있는 것이다.
적당할 때, 그때가
가장 좋은 것.
중도中道이다.

버리는 일

꽃 한 송이
화병에 꽂는데
잘라 내야 하는
줄기 부분이 더 많다.
아름답기 위해서는
버려야 하는 부분이
더 많다.
아주 많다.

소리로 듣기

"보는 것을 줄이고 듣는 것에 마음을 둬야 할 것 같아요."

젊을 때는 어쩌면
보면서 느끼는 것이
더 많았을지도 모릅니다.
보게 되면 자연히
어긋난 것
모자란 것
부족한 것이
눈에 들어오죠.
그래서 자꾸만 재단하려 했고
우리 눈의 틀에 맞추려 했지요.
책을 들여다보다
눈을 감아 봅니다.
소리를 듣습니다.
보면서 볼 수 없었던 것들을
소리로 듣습니다.

돌아보고 살펴보고

"장점을 보고 반했으면 단점을 보고 돌아서지 말라."

어느 곳에 올려진 이 글귀가
참 와닿는 아침입니다.
우리 살다가 그럴 때 있지 않나요.
돌아보고 살펴보고
내 눈길에 누군가 상처 입은 마음은 없었나
생각하게 되는 아침입니다.

때가 있다

"때가 있다."

때를 알고 나아가기
쉽지 않습니다.
그때인가 하다가도
여물지 않았을 때가 있고
그때를 훨씬 넘길 때도 많아요.
꽃은 때가 되어 저녁이면
다물었다가
아침 되면
다시 열리더군요.
꽃도 아는 진리를
정작 사람이 모를 때
많습니다.
때를 잘 맞추고 계신가요.

욕망이라는 무게

그럴 때 많더군요.
굳이 필요하지 않은데 소유하고 싶은
욕망이라는 무게.
때로는 가방 속 책 한 권도
우주 무게만큼 느껴질 때가 있습니다.
가질 만한 복덕을 짓고 있는지
누리는 복덕에 모자라지 않는지
들여다볼 일입니다.
매 순간순간.

공존의 의미

"오리 다리는 비록 짧지만 이어 주면 괴로워하고,
학 다리는 비록 길지만 잘라 주면 슬퍼한다."
－『장자』「외편」

일곱 살 꼬마가 투덜거리며 제게 말했습니다.
"그 아이랑은 생각이 달라서 함께 놀 수가 없어."라고요.
어른들도 제게 와서 말합니다.
"그 사람과는 코드가 맞지 않아서…."
어른, 아이 할 것 없이 서로 맞지 않을 때 함께 무엇을 하기란 결코 쉽지 않습니다. 저 또한 그런 마음의 힘겨움이 수없이 많은 것이 사실이고, 심지어 아침에 신은 양말이 불편하면 신경이 온통 그곳에 가 있게 됩니다.

그런데 또 달리 생각해 보면 내 생각이 다르듯 상대의 생각도 분명 다를 것입니다. 그 다름이 모여 전체의 세상을 만들고 있는 것인데도 불편한 마음을 쉽게 떨쳐 내지 못할 때가 많습니다.

차이가 나는 공존을 하고 있는 것인데, 그 차이만큼 공존을 인정하지 않아 '이 사람 때문에 괴롭고 저 사람 때문에 일을 할 수 없다.'고 변명 아닌 변명을 할 때가 많은 것입니다.

오리 다리가 짧다고 붙여 주면 오리로서의 삶을 살아 내지 못합니다. 또한 학의 다리가 길다고 잘라 주면 학은 더 이상 학이 아닐 것입니다.

다름을 인정하고 차이 나는 공존의 의미를 생각하게 하는 장자의 말씀을 오늘 아침 빈 마음으로 만나 보고 있습니다.

영혼이 담긴 음악

영혼이 담긴 음악은
사람의 마음에
울림을 줍니다.
그 울림으로
사람은
더욱 아름다워집니다.

약속

약속을 한다.

변하지 말자고

배신하지 말자고

아프게 하지 말자고

재촉하지 말자고.

누군가 그랬다.

약속은

깨어지기 위해 있는 거라고.

깨어지기 위해.

그러나 지금은 깨어지기 싫어서

이 순간

열쇠로 잠그고 보관한다.

수많은 약속의

잠금 앞에 설 때마다

이 무수한

약속들은 잘 지켜지고 있는지

생각해 본다.

약속이 서린 자물쇠 앞에서.

균형

법당 들어가 잠시 한눈팝니다.
산 너머로 떠오른 손톱달이 차암 고와서
사진 찍다가 깨닫습니다.
법당 뒤 탑과 하늘을
달과 소나무 사이 하늘과 기와 끝자락을
렌즈에 다 담고 싶은데
다 담기지 않더군요.
하나를 포기해야 균형이 맞습니다.
살면서 다 담으려고 하기에 괴로운 것이겠지요.
툭, 내려놓으면 되는데 말입니다.
렌즈 속에 탑까지 담으려는 마음 버리니
소나무 사이로 하늘이 밝습니다.

오늘의 화두

처염상정處染常淨

더러운 곳에 살아도 그 더러움에 물들지 않기.

오늘의 화두입니다.

향기

어릴 적
동네 친구 한 명 만드는 일도
오래 걸렸다.
행자 시절
은사 스님이
선물 받으신 난 화분에서
꽃이 피기를
기다리는 시간은
우주를 한 바퀴 돌아오는 시간이었다.
이제는
조금씩 알고 있다.
사람이
사람으로
살아갈 수 있는 시간은
내가 살았던
그 시간보다
더 많이 필요함을.
그래서 오랜 시간을
자신을 숙성하는 데 쓴 사람에게서는

향기가 난다.
사람을 슬프고도
감동하게 하는
향기가 난다.

가장 예쁜 오늘

"우리 인생의 가장 아름다운 날은 언제인가?
바로 오늘이다.
우리 인생의 가장 멋진 날은 언제인가?
바로 지금 이 순간이다."

임제 선사의 말씀을 되뇌어 보면
현재
지금
이 순간이
가장 행복하고
지금의 내가
가장 예쁠 때가 아닐까.
인생에서 가장 예쁜 오늘.
그 시간을 놓치지 말고
오늘
가치 있게
보내야 할 것 같다.
미워하거나 상처 주지 말고
깊은 미소로.

조금씩 조금씩

모든 것은 조금씩 조금씩.
좋은 날도 나쁜 날도
하루아침에 오지 않는다.

그리움

가을
그리고 햇볕
그리고
따뜻한….
그리고
능선을
따라가는 그리움.

가을

인생이란 기차는
각자의 승차 시간과
하차 시간이
다를 뿐
한번 승차하면
각자의 스케줄대로
달리게 된다.
비 오는 풍경
눈보라 치는 풍경
햇살 가득한 풍경.
자신의 프레임대로
그렇게 보고 느끼고
판단하고 만들어 간다.
우리, 어느 역을
지나고 있는가
이 가을.

산을 내려가듯

산을 오릅니다.
내려갈 준비를 하고
그저 오릅니다.
사는 것도
산을 오르는 것처럼
그러하지요.
올라온 산을 다시 내려가듯
그렇게
내려가야 하는 것입니다.

뒷모습

우리는
사람의 얼굴을 보면서
그 사람의 상황이나
걸어온 길을
유추해 보기도 한다.
그런데 살아가면서
사람의 내면이
뒷모습에서 드러날 때가 있다.
웃음과 환한 얼굴에서는
감출 수 있었던
내면의 아픔이
뒤돌아선 사람의 등에서는
고스란히 드러나니 말이다.

감정의 재산

감정의 재산이
많아야 감정을
나누어 줄 수 있다.

존중

타인의 세계를 존중할수록
내 세계도 깊어집니다.

과거에 매이지 말라

고층 건물을 청소하는 사람들에게는 중요한 철칙이 있다고
합니다.

"내려다보지 말 것."

내려다보는 순간 더 이상 앞으로 나아갈 수 없다는 것이죠.
우리 삶도 마찬가지입니다. 이런저런 계산을 하느라 또는 과
거에 매여 앞으로 나아가지 못하고 뒤만 돌아본다면 그 삶은
고정되어 결국 한자리에서 더 이상 발전하지 못할 것입니다.
사람과 사람 사이도 그러하지요. 지나간 일에 매여 원망하
고 미워하는 마음을 버리지 못한다면 그 미움 때문에 관계
를 발전시키지 못할 것입니다.

"과거에 매이지 말라."

두 눈으로 정확히 보며 앞으로 뚜벅뚜벅 걸어 보는 겁니다.

화엄중중법계

세상엔 작지만 아름다운 것들이 많습니다. 차창에 만들어진 얼음꽃마저도 처연한 아름다움을 만들고 있는 아침입니다.

세상에서 가장 아름다운 것을 말하라면 그래도 여전히 '사람'인 것 같습니다. 이 모든 것의 아름다움을 아름답다 느낄 수 있는 사람이 아닐까 합니다.

화엄중중법계華嚴重重法界.

붓다의 가르침 중 이 말씀을 특히 좋아하는 이유는 그 속에 선악시비善惡是非 모든 것의 분별을 끊어 버리는 생명통합의 아름다운 자유가 들어 있기 때문이 아닐까 합니다.

잘난 사람, 못난 사람, 모든 생명 존재들을 편견 없이 세상을 장엄하는 꽃과 같은 존재로 인정하는 '화엄중중법계'. 이 말씀 속에 그대도 꽃이고 나도 꽃입니다. 겨울 신새벽 차창에 핀 얼음꽃도 법계의 꽃 중 하나입니다.

짐작할 뿐

보이는 것이
전부는 아니다.
들리는 것도
전부는 아니다.
그 길을
그 사람 마음이 되어
걸어 본 것이 아니라면
아무도 이해할 수 없는 것이다.
그저 말없이 짐작해 볼 뿐이다.

영원하지 않다

고정된 법칙은 없다.
영원히 변하지 않는 것도 없다.
영원하지 않다는
그 법칙만 변하지 않는다.

그대 떠나려거든

그대 떠나려거든
조금 후가 아니라
지금 떠나라.
지금 얼어붙은
마음이 녹지 않아
떠나는 그대
돌아보지 않도록.

시간을 견뎌 낸 것

시간을

잘 견뎌 낸 것에는

아름다움이 담겨 있습니다.

사람도

물건도.

길

세상에 길은 많다.
많은 길이 있지만
새로운 길을 만들며
걷는 이들의 하루는
똑같은 시간이지만
짧다.
마음의 새로운
길을 내는
수행자에게도
세상의 새로운
길을 만드는
이들에게도
산 능선 석양빛은
짧다.
능선은 그리움을 안고
석양빛을
내려놓고 있다.

저녁 하늘

하루해가
지려는 때.
간절하게
살아왔는지
석양빛
물드는 하늘에게
묻는다.
답해 주는
저녁 하늘 아래서.

그림자

길을 걷다
문득 뒤를 돌아보았다.
누군가 등 뒤에 있다는 생각에.
보인 것은
나의 그림자였다.
순간
나 혼자 길을 걷고 있는 것이
아니었다는
왠지 모를 든든함과
잘 살아야겠다는
생각이 함께 밀려왔다.
나의 그림자는
그렇게 나의 뒤를 지켜보며
항상 함께하고 있는 것이었다.

비겁한 마음

어떤

풍경 앞에서

그 풍경과

오버랩되는

추억 하나씩 있을 것이다.

비겁한 자신의

욕심 때문에

잃어버린 것들까지도.

석양이 내려앉는

저녁엔

그 비겁했던

마음에

찻잔 하나 올려 본다.

밤하늘

열심히 하루를 살다
서녘 하늘을 봅니다.
오늘은 그만했으면 됐다,
다독이는 듯 맑고 깨끗합니다.
밤하늘 한번 바라보세요.
얼마 만에 바라보는지.
다 지나가는 것이랍니다.
최선을 다한 뒤에는
아무 미련도 없는
오늘 저녁일 것입니다.

삶의 파도

삶의 파도가 거센 날이 많습니다.
우리는 알고 있고 믿고 있습니다.
파도 거센 그날이
삶이 더욱 깊어지는 날임을 말입니다.

밤이라는 이불

비가
한 방울씩
떨어지는
저녁입니다.
밤이라는
이불을 함께
덮는 우리.
따뜻한 밤
맞이하세요.

세 단어

오늘을 세 단어로 표현한다면
어떤 단어를 쓰신 건가요?
아침을 시작하는 시점에
나는 먼저 이 단어를 보냅니다.
Today
Now
Step by step.
오늘을 살아 낸 후
어떤 단어가 떠오를지는
그때 다시 적어야겠습니다.
저녁 시간 다시 한번
우리의 하루를
돌아봤을 때
떠오르는 단어,
궁금하시죠?

물고기처럼

마음에 담아 두지 마라.
흐르는 것은 흘러가게 놓아두거라.
바람도 담아 두면 생각을 흔들 때가 있고
햇살도 담아 두면 심장을 새까맣게 태울 때가 있다.
아무리 영롱한 이슬도 마음에 담으면 눈물이 되고
아무리 예쁜 사랑도 깊어지면
상처가 되니
물고기처럼 헤엄쳐 가게
놓아두거라.

고독 사용 설명서

고독 사용 설명서

1. 먹는 것을 절제하고 배 속을 비운다.

2. 말을 멈추고 귀도 잠깐 닫는다.

3. 가장 단순한 방에 고요히 앉는다.

4. 자신의 마음 가장 밑바닥까지 내려가 들여다본다.

5. 고독과 하나 되어 철저하게 홀로 되어 본다.

6. 바람 부는 소리, 해 지는 소리, 밤이 오는 소리, 자연의 소리가 명료하게 들려올 때 자신이 가진 고독을 잘 사용하고 있는 것이다.

내면의 나와 만나 내면의 소리를 들을 수 있을 때 고독 사용 설명서를 잘 이해하는 것이다.

돌

매화 옆의 돌은
오래되어야 하고
대나무 옆의 돌은
메말라야 하고
화분 속의 돌은
교묘해야 하고
강가의 돌은
둥글어야 하고
난초 옆의 돌은
졸박拙朴해야 한다.
나는 오늘
무엇 옆의 돌로
남을 것인가.

인생의 짐

개그맨 이경규 씨가 "인생의 짐을 함부로 내려놓지 말라."는 강연을 해 큰 반응을 일으킨 적이 있습니다. "지고 가는 배낭이 너무 무거워 벗어버리고 싶었지만 참고 정상까지 올라가 배낭을 열어 보니 먹을 것이 가득했다."는 것이지요.

인생도 이와 다를 바 없습니다. 짐 없이 사는 사람은 없습니다. 사람은 누구나 이 세상에 태어나서 저마다 힘든 짐을 감당하다가 저세상으로 갑니다.

인생 자체가 짐입니다.

가난도 짐이고

부유도 짐입니다.

질병도 짐이고

건강도 짐입니다.

책임도 짐이고

권세도 짐입니다.

헤어짐도 짐이고

만남도 짐입니다.

미움도 짐이고

사랑도 짐입니다.

살면서 만나는 일 중에 짐 아닌 게 하나도 없습니다. 이럴 바엔 기꺼이 짐을 짊어지세요. 언젠가 짐을 풀 때 짐의 무게만큼 보람과 행복을 얻게 됩니다.

아프리카의 어느 원주민은 강을 건널 때 큰 돌덩이를 진다고 합니다. 급류에 휩쓸리지 않기 위해서라는데, 무거운 짐이 자신을 살린다는 것을 깨친 것이지요. 헛바퀴가 도는 차에 일부러 짐을 싣는 것도 같은 이치입니다.

그러고 보면 짐이 마냥 나쁜 것만은 아닙니다. 손쉽게 들거나 주머니에 넣을 수 있다면 그건 짐이 아닙니다. 짐을 한번 져 보세요. 자연스럽게 걸음걸이가 조심스러워집니다. 절로 고개가 수그러지고 허리가 굽어집니다. 자꾸 시선이 아래로 향합니다.

누군가 나를 기억해 주는 이가 있다는 건 참으로 고마운 일입니다. 누군가 나를 걱정해 주는 이가 있다는 건 참으로 행복한 일입니다.

괜찮은 거지?
별일 없지?
아프지 마!

나도 누군가에게 고맙고 행복을 주는 사람이 되고 싶습니다. 행복은 멀리 있는 게 아닙니다. 내 마음속에 항상 나와 함께 있습니다. 오늘도 행복하세요.

하루하루

"내일과 다음 생 중에 어느 것이 먼저 찾아올지
우리는 알 수 없다."

티베트의 속담이라고 하는군요.
그러니 이 하루하루
주어진 시간들을
잘 살아 내야 되겠지요.
내일이 아니라
다음 생에도 초연히 맞아들일 수 있도록 말이지요.

세상

내가 아는 세상,

내가 모르는 세상.

우리가 다 알고 있는 세상,

우리가 하나도 모르는 세상.

좁기도,

넓기도 합니다.

화중연화

"여래如來의 옷을 입으면
몸과 마음이 편안하고
여래의 방에 들어가면
자유로운 마음이 즐겁고
여래의 자리에 앉으면
반야般若의 마음으로 정진할 수 있다."

불교 대승경전인 『법화경』 「안락행품」의 말씀입니다.
어느 자리건
편안하고 고요한 곳을
찾으라는 뜻은 아닐 것입니다.
모든 고뇌와 슬픔을 승화시킨
자리가 아닐까 합니다.
청량함을 잊지 마시고 오늘도
불꽃 속에서 연꽃 한 송이 피어 올리는
'화중연화火中蓮花'의 마음
잊지 않았으면 합니다.

가벼워지기

살다 보면 예상치 않았던 곳에서
답을 찾을 때가 있습니다.
물론 부처님 손바닥 안이지만요.
화두 들고 있다 번개처럼 깨닫는 것도
무릎 치며 환희로워하는 것도 결국은
일체의 모든 법이, 현상이
꿈과 같고 물거품 같다는 것을
직시하는 것이 아닐까 싶습니다.
가벼워지기.
산에 올라 산을 다시 내려가면서 깨달아 봅니다.

미소

미소.

미소 속에 많은 것을 담게 된다.

설렘 가득함도

쓰디쓴 이별도.

미소 속에

그 마음을 담아낼 때가 많다.

말하지 않아도 전해져 오는 그 모든 것을 말이다.

붓다의 미소.

그 미소 속에

머물지 않는 마음을 읽어 본다.

땅을 딛고 일어서라

"번뇌를 벗어나는 것은 예삿일이 아니다.
고삐를 단단히 잡고 한바탕 마음공부를 해야 할 것이다.
추위가 한번 뼛속 깊이 사무치지 않으면
어찌 코를 찌르는 매화 향기를 맡을 수 있겠는가."

황벽 선사의 '박비향撲鼻香' 게송이다.
하는 일에 장애가 생길 때가 많다.
자신만만하게 무엇이든 할 수 있을 것 같았는데
좌절하는 순간 앞에 떠오르는 것은
조사께서 말씀하신
"땅에서 넘어진 자 땅을 딛고 일어서라."였다.
추위가 한번 뼛속 깊이 사무치지 않으면
어찌 매화 향기를 맡을 수 있으랴.

홀로 고요히

세상이라는 수행터에서 살아가며
생겨나는 문제를 해결하는 방법은
여러 가지가 있을 것이다.
술을 마시고
친구와 푸념을 나누고
마음의 골방에 들어가
자신을 괴롭히기도 하고
빈 웃음을 날리기도 하고
의미 없는 대화로 자신을 위로한다는
변명을 붙이기도 할 것이다.
기도를 하고
마음을 들여다보고
뒤돌아보고
참회도 할 것이다.
그래도
되지 않을 때는
그래도 간절히 기도하고
기도하는 것이다.
홀로 고요히.

보름 전의 일

"보름 전의 일을 묻지 않는다."

운문 선사의 말씀이다.
처음 이 글을 대했을 때
가슴이 후련하도록 좋았다.
세세생생 모든 허물이
소멸되는 듯한 그런 마음이었다.
신발을 벗어 반듯하게 두었는지 뒤돌아보듯
살아온 발자취를 뒤돌아보라는 '조고각하照顧脚下'도
우리 삶에 꼭 필요하지만
과거에 연연하지 않는 마음
집착하지 않는 마음도
진취적인 삶의 태도로
꼭 필요하지 않을까 싶다.
과거에 매여 서로를 원망하고 미워하다 보면
시간은 어느새
삶의 끝에 서 있게 되지 않을까.
"보름 전의 일을 묻지 말라."

사홍서원

'사홍서원四弘誓願'이 있습니다.
중생을 지옥에서 다 구제하겠다,
번뇌를 다 제거하겠다,
법문을 다 배우겠다,
불도佛道를 다 이루겠다.
오늘 하루 우리의 사홍서원을 만들어 보면 어떨까요.
사람들 각각의 몸짓을 인정해 주는 것,
더위 속에 불어오는 시원한 바람 한 자락에 감사하는 것,
주변을 정리하고 내 마음을 비워 보는 것,
그래서 모든 이들이 행복해졌으면 하고
하루의 감사 기도로 마무리하는 것.
어렵지 않지요.

저녁 시간

언젠가 회원분께서 저에게
밴드 대문 글이

여름.. 그리고, 저녁
봄.. 그리고, 저녁
가을.. 그리고, 저녁
겨울.. 저녁

이렇듯 저녁은 그대로인 채
계절은 바뀌는데
무슨 의미인지 상당히 궁금하다는
메시지를 보내셨어요.
그러고 보니
그걸 물어보시는 분이 처음이라
그렇게 쓰고 있지만
왜 그랬을까,
생각해 보았지요.
아마도 그것은
제게

저녁 시간이 굉장히

소중해서일 것 같습니다.

출가해서 지금까지

조금은 바쁜 여정 속에서

저녁 시간이 주는 느낌이

참 좋고

저녁은

나를 오롯이

들여다볼 수 있는

참 편한 시간이에요.

계절마다

저녁의 느낌은 다릅니다.

봄날 저녁 벚꽃 흐드러지게

피어 있는 길을 걸을 때,

그 느낌 아시죠?

여름 저녁은 어떤가요?

시원한 바람 한 자락 불어오는 저녁이면

벌써 설렙니다.

가을은 두 말이 필요가 없지요.

지금

겨울 중간쯤의 밤입니다.

겨울인 듯 겨울 아닌 듯

겨울이 지나갈 날도

얼마 남지 않은 듯해요.

겨울 저녁은

왠지 따뜻한 곳으로

들어가야 할 것 같은 느낌이 있어

좋고 행복합니다.

이리 다 좋은 계절 속에

살고 있으니

참 행복한 일 아닐까 싶습니다.

겨울,

마음도 몸도

아프지 마시고

잘 보냈으면 합니다.

2

시가

있는 저녁

아무것도

아무것도
아닌 것이
오는 때가 있다.
아무것도
아닌 일이
되는 때도 있다.
아무것도
아닌 것이
추억이
되어서
아무것도 아닌
기억에
잠시 아파도 하지만
역시 아무것도
아닌 일일 뿐이다.

주석

오래전 적어 둔

아무것도 아닌 자작시 한 편에

씨익 웃어 봅니다.

아무것도 아닌 사람이 되어서

아무것도 아닌 시간 속에서

잠시 살고 있지만 말입니다.

아무것도 아닌

다 지나가는 일일 뿐입니다.

그러니

아무것도 아닌 것처럼 살다 가야지요.

발자국

바닷가 모래밭에서
외줄기 발자국을 본다.

문득
무언가 하나
남기고 싶어진다.

바람이 지나고
물결이 스쳐
모든 흔적이 사라져도

자그만
발자국을 남기고 싶다.

박두순

"오늘을 잘 살아 내는 사람만이 기도할 자격이 있다."

오늘 새벽 눈을 뜨는 순간에 이 말이 나왔습니다.
우리에게 주어지는 모든 것은
각자에게 주어진 몫을 충분히 해낼 때
당당히 받을 자격도
주어지지 않을까 생각합니다.

비 오는 오늘이지만
보이지 않는 발자국 하나
내 삶의 시간에
남겨 봅니다.

마음이 따뜻한 사람

마음이 따뜻한 사람은
마음속에 있는 빛을 발산한다.

그 빛
자신의 인생을 꽃피우고
타인의 인생마저도 꽃피운다.

그 향기
최고의 향기는 사람의 향기다.

김용화

"원하는 것을 얻지 못하는 것이
때로는 행운이라는 것을 기억하라."

세계적인 영적 스승 달라이라마 존자님의 말씀을 새기며
우리가 그토록 원하던 것을 얻지 못하는 때가
오히려 행복이고 행운이라는 것에 동감합니다.
지금, 그런 실의에 빠진 순간이라면
나를 가만히 다독거려
안아 보고 싶습니다.

인연

나는 없어져도 좋다
너는 행복하여라

없어진 것도 아닌
행복한 것도 아닌
너와 나는 다시 약속한다

나는 없어져도 좋다
너는 행복하여라

정채봉

우리는 인연이라는 바다에 살고 있습니다.

아침에 눈을 떠서 만나게 되는 숱한 일들

그리고 인연들.

모두가 지어 놓은 대로 만나게 되고

또한 현재 짓는 대로

앞으로의 인연도 만들게 되는 것이지요.

붓다께서 중생들을 위해 세상에 출현하신 일을

'일대사인연一大事因緣'이라 했습니다.

우리가 사람을 만나고 일을 만드는 행위가

거룩한 일대사인연에 아직 미치지는 못하지만

오늘 만나는 수많은 인연과 일들에

정성을 다해야 하는 것은 분명한 일입니다.

과거와 현재 그리고 미래는

긴밀하게 연결되어 있기 때문입니다.

여러분들이 만드는 오늘 하루는 내일과 연결됩니다.

봄밤의 반가운 비

좋은 비 시절을 알아 · 好雨知時節

봄이 되니 때맞춰 내리기 시작하네 · 當春乃發生

바람따라 밤에 몰래 숨어들어 · 隨風潛入夜

소리도 없이 촉촉히 만물을 적시네 · 潤物細無聲

들판 길 구름 낮게 깔려 어둡고 · 野徑雲俱黑

강 위에 뜬 배의 불빛만이 밝네 · 江船火獨明

이른 아침 분홍빛 비에 젖은 곳 보니 · 曉看紅濕處

금관성에 꽃들 활짝 피었네 · 花重錦官城

두보

108

진정한

봄밤을 맞이해야 할 텐데요.

세상에도

꽃이 피고

그리해서

우리 마음에도 꽃이 피어나는

진정한 봄밤에

꽃을 보았으면 합니다.

인생은 그런 거더라

이 세상 살다 보면
어려운 일 참 많더라
하지만 알고 보면
어려운 것 아니더라
울고 왔던 두 주먹을
빈손으로 펴고 가는
가위 바위 보 게임이더라

인생은 어느 누가
대신할 수 없는 거더라
내가 홀로 가야할 길
인연의 강 흘러가는
알 수 없는 시간이더라
쉽지만 알 수 없는
인생은 그런 거더라

김종구

가까이 있으면 볼 수 없습니다.

멀리 있어도 볼 수 없습니다.

적당한 거리에 있을 때 가장 잘 보입니다.

불가근불가원不可近不可遠.

너무 멀지도 않고

너무 가깝지도 않은 적당한 거리.

오늘도

그 거리 딱 맞게 유지하면서

인생의 어느 길에서

서로의 거리도 잘 유지했으면 합니다.

그냥 좋은 것

그냥 좋은 것이
가장 좋은 것입니다
어디가 좋고
무엇이 마음에 들면,
언제나 같을 수는 없는 사람
어느 순간 식상해질 수도 있는 것입니다

그냥 좋은 것이
가장 좋은 것입니다
특별히 끌리는 부분도
없을 수는 없겠지만
그 때문에 그가 좋은 것이 아니라
그가 좋아 그 부분이 좋은 것입니다

그냥 좋은 것이
그저 좋은 것입니다.

원태연

잘 먹고 잘 산다는 것이

호의호식하는 삶을 말하는 것은 아닐 것입니다.

바르게 세상을 보고

정당한 밥을 먹고

부끄럽지 않게 기도하면서

사는 삶이 아닐까 합니다.

그냥 평범하게 사는 것이

가장 잘 사는 삶일 것 같습니다.

호수 1

얼굴 하나야
손바닥 둘로
폭 가리지만,

보고 싶은 마음
호수만 하니
눈 감을밖에.

정지용

비 내리는 아침입니다.

기침 몇 번 하더니 감기 기운이 느껴집니다.

모든 것이 그렇지만 감기가 올 때는

'내 관리를 잘못했구나.'라는

스스로에 대한 미안함이 들곤 합니다.

허술하게 올린 지붕에 비가 새듯이

몸의 살림살이를 잘못해도

마음의 살림살이를 잘못해도

그 틈새를 통해 문제가 생기니 말입니다.

허술한 우리 마음에 틈이 있다면

세상의 소나기 맞지 않도록

단속 잘해야겠어요.

마음의 감기 중 하나가

그리움이기도 하지요.

때로는 대상 없는 그리움에 목이 멜 때도 있어요.

보고픈 마음 호수만 하니

대상 없는 그리움은 우주를 채웁니다.

삶

등 뒤에 무한한 어둠의 시간
눈앞에 무한한 어둠의 시간
그 중간의 한 토막,
이것이 나의 삶이다.
불을 붙이자
무한한 어둠 속에
나의 삶으로 빛을 밝히자.

김달진

가끔

삶의 큰 짐처럼

자신의 인생을 이야기하려는 분이 오시면

차 한 잔 천천히 우려 내어놓습니다.

"차 한 잔 드시지요."

그러고 나면

자신의 고통을 잊고 돌아갈 때가 많습니다.

조주 선사께서

진리를 물으러 오는 납자衲子들에게 하셨던

'끽다거喫茶去, 차 한 잔 하고 가시게.'

말씀의 의미가

그럴 때마다 생각나곤 합니다.

"고정되어 있지 않다. 모든 것은 순간 지나간다."

이른 아침, 차 한 잔 하시죠.

너무 괜찮다

자고 일어나면 다 괜찮다
어젯밤 불던 바람소리도
바람을 긋고 간 빗소리도 괜찮다
보통 이상인 감정도
보통에 미달한 기분도 괜찮다
자고 일어나면 정말 괜찮다
웃어도 괜찮고 울어도 괜찮다
웃지 않아도 괜찮고 울지 않아도 괜찮다
유리창에 몸을 밀어 넣은 빗방울이
벗은 소리만으로 내게 오던 그 시간
반쯤 비운 컵라면을 밀어놓고
빗소리와 울컥 눈인사를 나누어도
괜찮다
너무 괜찮다

박세현

따뜻한 햇살이 내리는 창가에 앉아

공양을 하고

차를 마시고

생각에 잠기고.

살아 있는 것이 다 괜찮다.

사람이 있어 세상은 아름답다

달걀이 아직 따뜻할 동안만이라도
사람을 사랑할 수 있으면 좋겠다
우리 사는 세상엔 때로 살구꽃 같은 만남도 있고
단풍잎 같은 이별도 있다
지붕이 기다린 것만큼 너는 기다려 보았느냐
사람 하나 죽으면 하늘에 별이 하나 더 뜬다고 믿는 사람들
의 동네에
나는 새로 사 온 호미로 박꽃 한 포기 심겠다
사람이 있어 세상은 아름답다
내 아는 사람이여
햇볕이 데워 놓은 이 세상에
하루만이라도 더 아름답게 머물다 가라

이기철

아름다운 것은 지극히 짧습니다.

강물에 비친 석양의 뒷모습도,

이젠 가야 할 때라고

살포시 고개 떨군 화려했던

꽃잎의 군상들도,

아닌 것을 알기에

살포시 아픈 웃음 짓던

저 마음도,

내 마음도.

산속에서

길을 잃어보지 않은 사람은 모르리라
터덜거리며 걸어간 길 끝에
멀리서 밝혀져오는 불빛의 따뜻함을

막무가내의 어둠속에서
누군가 맞잡을 손이 있다는 것이
인간에 대한 얼마나 새로운 발견인지

산속에서 밤을 맞아본 사람은 알리라
그 산에 갇힌 작은 지붕들이
거대한 산줄기보다
얼마나 큰 힘으로 어깨를 감싸주는지

먼 곳의 불빛은
나그네를 쉬게 하는 것이 아니라
계속 걸어갈 수 있게 해준다는 것을

나희덕

"언제쯤 이루어질까요?"

이런 질문 받을 때가 있습니다.

그 무한한 질문에 나는 아주 무모하게 답하곤 하지요.

"찬바람 불면 이루어질 것 같아요."

우문우답일 수도 있고 현문현답일 수도 있겠다 싶습니다.

아침 바람이 제법 차가워진 것을 느끼니

이루어질 때 되지 않았을까요?

험난한 시간 속에서도 우리가 가진 마음의 원력과 신념들이

선선한 바람 불어오는 이 청아한 가을날에는

꼭 이루어지기를.

스승의 마음

어느새 찬 기운이 가득합니다. 밤새 불어오는 바람 소리에
바깥에 있는 존재들에 대한 걱정을 하게 되더군요. 견공들은
이 추위에 잠을 잘 자려나, 들여놓지 않은 화초는 얼어 버리
겠구나. 그럴듯한 표현으로 '청춘'이라서 까만 밤을 하얗게
새울 수도 있는 것이라 하며 아침을 맞아 봅니다. 그 생각 하
니 기분 좋아지는 걸 보니 '청춘'은 또 아닌가 봅니다.

며칠 전 상좌에게 챙겨 줘야 하는 서류가 있었는데 바쁜
일정으로 전해 주지 못하다가 오늘은 꼭 줘서 보내야 하는
것이기에 신새벽부터 준비를 하면서 문득 드는 생각이 '이것
때문에 잠을 설쳤구나.'였습니다. 부모 같은 스승의 마음, 어
른의 마음이었던가 봅니다.

코끝이 찌릿한 추위에 마음 내어 달려온 젊은 상좌가 안
쓰럽고 또 안쓰러워 마음 쓰이고, 스승을 생각하며 방 한 쪽
에 꽃 한 송이 꽂아 둔 제자의 마음에도 잔잔한 슬픔이 담
깁니다.

두고 보아야
오래 아름다움을 볼 수 있다던
어머니의 마음을

자식을 키워 가며
가슴 깊이 알았습니다

시인이 말하고자 했던 것은 그런 게 아니었을까 싶습니다. 나도 그리 컸으니 그저 지켜보고 또 지켜보면서, 어른 마음에 가시덩쿨 덮더라도 그리 지켜봐야 아름다운 꽃 피게 할 수 있다고 말입니다. 그리 마음 쓰고 있는 걸 보니 이제 '청춘'은 아닌가 봅니다.

오늘도 나는 그저 지켜보고, 어른 마음에 가시덩쿨 덮을지라도 그리 지켜봐야 아름다운 꽃 피게 할 수 있다는 마음으로 제자를 바라봤습니다. 운문사 경내도 함께 거닐었지요.

그리 지켜봐야 하는 것. 부모의 마음, 스승의 마음은 다 그런 것이겠죠.

빈 의자

순아 내 마음은
빈 의자,

그리움에 앉아서
기다리는 빈 의자다.

너를 항시 생각하기에
하루를 잠자코 견디어낸다.

새벽이 오는 창앞에
이제 오려느냐 순아,

하그리워 의자에 지친
사지육체.

나는 이렇게
빈 의자다.

장서언

비어서 좋을 때가 많은데

의자는 누군가 앉아 주었을 때

빛도 날 것입니다.

살아가다 힘들 때는

이런 의자 같은 존재에게

기대고 싶을 것이고

또 그런 의자가 되어 주기도 할 것입니다.

오늘 우리는 편한 의자가 되어 주었던가요.

푸른 곰팡이
— 산책시 1

아름다운 산책은 우체국에 있었습니다
나에게서 그대에게로 가는 편지는
사나흘을 혼자서 걸어가곤 했지요
그건 발효의 시간이었댔습니다
가는 편지와 받아 볼 편지는
우리들 사이에 푸른 강을 흐르게 했고요

그대가 가고 난 뒤
나는, 우리가 잃어버린 소중한 것 가운데
하나가 우체국이었음을 알았습니다
우체통을 굳이 빨간색으로 칠한 까닭도
그때 알았습니다 사람들에게
경고를 하기 위한 것이겠지요

이문재

불교의 최고 경전

『화엄경』의 「입법계품」에 나오는 선재동자는

53명의 다양한, 요즘으로 말하면

각계각층의 인사들을 만납니다.

그 만남 속에서 의식과 무의식의 세계에 눈을 뜨고

경지를 만나게 되는 선재동자.

만나는 많은 사람들 사이에 흐르는 푸른 강물.

오늘도

그 강물에 배를 띄운 우리.

토닥토닥.

강물이 될 때까지

사람을 만나러 가는 길에
흐린 강물이 흐른다면
흐린 강물이 되어 건너야 하리

디딤돌을 놓고 건너려거든
뒤를 돌아보지 말 일이다.
디딤돌은 온데간데 없고
바라볼수록 강폭은 넓어진다
우리가 우리의 땅을 벗어날 수 없고
흐린 강물이 될 수 없다면
우리가 만난 사람은 사람이 아니고
사람이 아니고
디딤돌이다

신대철

선입견을 품은 상태로

사람을 대하다 보면

상대가 아무리 좋은 생각과 행위를 하더라도

그 선입견에서 쉽게 벗어날 수 없습니다.

그래서 그로 인한 카르마Karma가 형성되고

형성된 카르마는 또 다른 카르마를 형성하고

악순환 윤회의 법칙에서 벗어나지 못한 삶을

한바탕 연극처럼 펼쳐 나갈 뿐.

좋은 마음은 좋은 인연을 만들어 줍니다.

생일

나에게도 생일이 와서
소고기 두 근 끊어다가 부모님께 드렸더니
어머니는 그걸로 미역국을 끓여서
내 밥상 위에 올려놓으신다

오늘부터 삼백예순 날
나는 또 이 세상에서
가장 순한 손님이 되었다

이홍섭

아버지는 조금은 식어 버린 군고구마가 든

누런 봉투를 호마이카상에 던지듯이 두고는

일찍 잠들지 않은 아이들을 슬쩍 야단치고는 들어가셨습니다.

다음 날 알았습니다.

누런 빈 봉투를 들여다보며

세상 그 어떤 미소보다 환한 미소를 짓는 아버지를 보며

늦게 잔다고 슬쩍 야단치던 아버지의 화는 거짓이었음을.

가끔 누런 봉투를 보면

아버지가 던지듯 놓으신

호마이카상 위의 식은 군고구마가 생각납니다.

가슴속 깊이 뜨뜻함으로 말입니다.

인생

인생을 꼭 이해해야 할 필요는 없다.
인생은 축제와 같은 것
하루하루를 일어나는 그대로 살아나가라.
바람이 불 때 흩어지는 꽃잎을 줍는 아이들은
그 꽃잎들을 모아 둘 생각은 하지 않는다.
꽃잎을 줍는 순간을 즐기고
그 순간에 만족하면 그뿐.

라이너 마리아 릴케

균형감각을 갖추고 있을 때

어른으로서 자격이 주어지는 것입니다.

살아가면서

균형이 필요하지 않은 곳이 없지요.

가장 중요한

생각의 균형이 잡혀 갈 때

그를 둘러싼 주위가 평화로워집니다.

몸만 커 버린 어린아이가 아닌

마음과 몸이 함께 자란 어른 되기입니다.

그리움

가지 말라는데 가고 싶은 길이 있다
만나지 말자면서 만나고 싶은 사람이 있다
하지 말라면 더욱 해보고 싶은 일이 있다

그것이 인생이고 그리움
바로 너다.

나태주

묘하게도 가지 못하게 될 때 더 가고 싶은 곳이 있습니다.

만나지 못하게 되면 왠지 더 만나고 싶은 사람도.

나태주 시인은 그것이

'인생'이고 '그리움'이라고 말합니다.

또 누군가는 '오기'라고 말할 것이고

누군가는 '습관'이라고 할 것이고

나는 시인 따라 '인생'이라고

말하고 싶습니다.

인생의 여정에서 넘어야 할 산도

건너야 할 강도 아주 많습니다.

산 넘어 무엇인가를 찾고

강 건너면 무언가 나를 기다리는 것이 있는 듯

느껴지는 것을 보면,

인생은 '그리움'인 것 같기도 합니다.

긍정적인 밥

시 한 편에 삼만 원이면
너무 박하다 싶다가도
쌀이 두 말인데 생각하면
금방 마음이 따뜻한 밥이 되네

시집 한 권에 삼천 원이면
든 공에 비해 헐하다 싶다가도
국밥이 한 그릇인데
내 시집이 국밥 한 그릇만큼
사람들 가슴을 따뜻하게 덮여줄 수 있을까
생각하면 아직 멀기만 하네

시집이 한 권 팔리면
내게 삼백 원이 돌아온다
박리다 싶다가도
굵은 소금이 한 됫박인데 생각하면
푸른 바다처럼 상할 마음 하나 없네

함민복

가치 있게 사는 길을 많이 생각했습니다.

때로는 그 생각이 이상과 현실의 괴리감이 되어

전혀 실현하지 못하는 박물관 속의 가치로

남아 있기도 했지만 말입니다.

여전히 지금도 가치를 추구하며 살고 있습니다.

때로는 그 가치가 십 원짜리보다 못한 가치로 치부되기도 하고

때로는 세상의 물질로 환산할 수 없는 가치가 되기도 합니다.

그럼에도 불구하고 여전히 가치에 가치를 만들면서 살 것입니다.

푸른 바다처럼 상할 마음 하나 없는 시인처럼

우주 법계 속에서 한 송이 꽃 피운다 생각하면

하나도 상할 마음 없는 것입니다.

서시

가고 오지 않는 사람이 있으면
더 기다리는 우리가 됩시다
더 많이 사랑했다고 해서
부끄러워 할 것은 없습니다

더 오래 사랑한 일은
더군다나 수치일 수가 없습니다
요행히 그 능력이 우리에게 있어
행할 수 있거든 부디 먼저 사랑하고
더 나중까지 지켜주는 이가 됩시다

사랑하던 이를 미워하게 되는 일은
몹시 슬프고 부끄럽습니다
설혹 잊을 수 없는 모멸의 추억을
가졌다 해도 한때 무척
사랑했던 사람에 대해
아무쪼록 미움을 품는 일이
없었으면 합니다

김남조

아주 오래전

진리가 무엇인지도 모를 때 (지금도 전혀 모르긴 합니다.)

매사 빠르고 싶었던 제자에게

스승께서는 이렇게 말씀하셨어요.

"달리는 기차에서는 뛰지 말아라.

달리는 기차에서 뛴다 한들 빨리 내릴 수 없단다."

'무슨 말씀일까?'

지금도 잘은 모릅니다.

다만,

현재에 살려고 할 뿐입니다.

현재에서 최선을 다할 뿐이죠.

그 나머지는 제 몫이 아니더군요.

시간이 지날수록

스승님의 말씀이 마음을 울립니다.

담담한 아침입니다.

꽃을 보려면

채송화
그 낮은 꽃을 보려면

그 앞에서
고개 숙여야 한다

그 앞에서
무릎도 꿇어야 한다

삶의 꽃도
무릎을 꿇어야 보인다

박두순

삶의 모든 순간

좌절하지 않은 시간은 없었던 것 같습니다.

좌절하면서도 또다시 일어날 수 있었던 것은

무릎을 꿇었을 때 만난 존재들 때문이었지요.

내가 가장 아래에 처했을 때

만난 존재들이 나에겐

다시 일어서게 해 주는 지팡이와 같았어요.

"삶의 꽃도 무릎을 꿇어야 보인다."

인생의 명시입니다.

나무

나무는
실로 운명처럼
조용하고 슬픈 자세를 가졌다.

홀로 내려가는 언덕길
그 아랫마을에 등불이 켜이듯

그런 자세로
평생을 산다.

철따라 바람이 불고 가는
소란한 마을길 위에

스스로 펴는
그 폭넓은 그늘……

나무는
제자리에 선 채로 흘러가는
천 년의 강물이다.

이형기

여름에 햇볕이 쨍쨍 내리는 날

사람들이 많이 모이는 곳은

그늘이 넓은 큰 나무 밑입니다.

나무가 클수록 그늘은 커지고

사람도 많이 모이겠지요.

어느 한 사람을 홀대하지 않고

골고루 마음을 써 주는 그런 사람.

그 사람 주변엔 늘 사람들이 많습니다.

그런 나무 그늘 같은 하루

되지 못한 나를 돌아보면서

늦은 봄날 저녁을 보내고 있습니다.

손을 사랑하는 일

손을 사랑해보자 마음먹었다.
손을 사랑하는 일이란 왼손이 오른손을 잡아주는 일
자주자주 쓰다듬어주는 일
서로서로 감싸주는 일 바람 앞에 감추어주는 일
이 손으로 얼마나 자주 손사래를 쳤던가
이 손으로 얼마나 많은 인연들을 손 흔들어 떠나보냈던가
손을 사랑해보자 마음먹은 것은 좀처럼 낫지 않는 갈라진
내 손을 보고 친구가 구해다 준 오소리 기름 덕분인데
잘 때마다 꼭꼭 바르라는 그 친구의 말 때문에
자기 전에 꼭 내 손을 들여다보고 왼손이 오른손에
오른손이 왼손에 오소리 기름을 발라주고 쓰다듬어주고
살 부비며 신혼처럼 서로 살가워진 때문인데
문득 내가 악수를 싫어한다는 생각에 이르자
국회의원 출마한 사람처럼은 아니더라도
자주자주 누군가의 손을 잡고 그것도 덥석 끌어다 잡고
당신의 손을 사랑한다고 말할걸 그랬나
따뜻한 손은 따뜻해서 참 좋다고 하고
차가운 손은 오래 잡고
있을걸 그랬나 하는 생각이 드는 것이다

굳은살이 박여 험악해진 내 손이 왼손은 오른손에게 미안
하고
오른손은 왼손에게 미안해서 오래오래 쓰다듬다가
두 손 꼭 잡고 잠든다

피재현

손에 대한 예의를 알게 하는 시이다.

그것도 오른손과 왼손의 관계를 무엇보다

잘 정리해 준 고마운 시.

내 오른손은 크고 옹이가 박이고

인생의 질곡(?)이 느껴진다.

그에 비해 왼손은 가지런하고 연필로 스케치나 할 듯한

'뉴욕 스타일'의 손이다.

(내게 뉴욕은 시골의 반대,

덜 고생한 사람들의 은유적 표현이다.)

그런데 사람들 앞에 서면 자꾸 왼손을 모아

오른손을 덮는 행동을 하게 된다.

열심히 살아온 오른손이 자존심 상하게….

오른손을 다소곳이 덮고 있는 왼손은 이리 생각할 것 같다.

'부르주아 손이라 미안하다.'고.

나는 오른손, 왼손에게 씻지 못할 죄를 짓게 하고 있었다.

피재현 시인이 손에 대한 단상을

이리 진솔하게 하였으니

나도 진솔하게 이생 처음

내 오른손과 왼손의 괴리감을 적게 되었다.

앞으로 이 글을 보신 분들이

나의 오른손과 왼손을 비교하며 꼭 보아주실 것 같다.

바랑의 무게

플랫폼은 수행자가 담아 온 마음의 무게만큼 짊어진 바랑으로 가득 채워졌습니다. 나는 굳이 오래 바라보지 않고 먼 곳을 응시했지만 날카로운 새벽 석간수石間水같이 에너지가 맑습니다.

열차에 올라 자리해 보니 그 에너지 듬뿍 담은 바랑의 수행자는 나의 앞자리입니다. 한참 책을 읽다 고개를 들어 보니 수행자의 시선은 차창 밖 먼 하늘을 향하고 있습니다. 마침 커피를 파는 수레가 지나가네요. 커피? 아니, 오늘 결제에 드는 수행자에게 밤을 새우게 만드는 커피는 필요치 않을 것입니다.

허브차를 골라 뜨거운 마음의 청수 담아 올렸습니다. 고개 돌려 공양供養의 감사함을 미소로 화답합니다. 나도 이 소박한 차 공양에 우주만큼 큰 소망을 담아 미소로 화답했습니다.

그대,
청안淸安하셔서
정진 여여如如하셔서
세상을 맑히는
에너지 뿌려 주소서.

그 에너지로 우리

맑아지게 해 주소서.

아마도 허브차 한 잔 올린 공양자의 마음을 수행자는 느
꼈을 것입니다. 오늘은 산문山門을 닫아걸고 수행에 들어가
는 하안거夏安居 결제일結制日입니다. 전국 선원에서 2천여 명
의 스님들이 한철 용맹한 마음으로 정진에 들어가 그 맑은
에너지 이 세상에 전해 주실 것입니다.

두 손 모아 정진 중 무장무애無障無碍하시기를 기도드립니
다. 그리하여 세상 맑아지기를 기도드립니다.

입추

텃밭에 배추 씨 묻고
그대는 내 품을 파고드네.

김용택

오늘이 입추라지요.

내 그럴 줄 알았습니다.

마음에 벌써

가을이 묻어나고 있었거든요.

시인의 시처럼

내 품을 파고드는 가을.

아, 가을

가을이랍니다.

가을 단풍

봄과 여름이
가을 속으로 들어와 안겼다

서윤덕

아.

표현이 이리도 멋진 시를 저녁에 만났습니다.

가을을 노래하는

아름다운 시는 너무도 많지만

짧은 시어로

가을의 아름다움을 압축해 버린 듯한 시.

툭, 하고 들어와 안겨 버린 봄과 여름으로

가을은 더 이상 할 말이 없는

아름다움의 극치입니다.

아름다운 이 가을

헛되이 보내지 않도록

포옥.

대추 한 알

저게 저절로 붉어질 리는 없다.
저 안에 태풍 몇 개
저 안에 천둥 몇 개
저 안에 벼락 몇 개

저게 저 혼자 둥글어질 리는 없다.
저 안에 무서리 내리는 몇 밤
저 안에 땡볕 두어 달
저 안에 초승달 몇 낱

장석주

태풍 몇 개 보내고 맑은 하늘 보이는 날입니다.

자연의 위력 앞에

보이지 않는 바이러스 앞에

인간의 무력함을 느끼는 요즘이지만

그래도 우리는

지구라는 공간과 시간이라는 선물과 함께

몸도 마음도 가지고 있어요.

그 속에 주인은 우리가 아닐까 합니다.

희망으로

절망으로

지옥으로

극락과 천당으로

그 어떤 것이든 결정할 수 있는 마음을

우린 가지고 있으니.

오늘 우리는

그 무엇을 결정하고 행동하는 것만

남아 있는 것이 아닐까 해요.

마음먹는 대로 되는 세상.

우리 사는 세상

곧 더 좋아질 거예요.

사바하.

이루어져라.

이 진언처럼 세상 존재들의 서원이 이루어지기를.

사바하.

가을 엽서

한 잎 두 잎 나뭇잎이
낮은 곳으로
자꾸 내려앉습니다
세상에 나누어줄 것이 많다는 듯이

나도 그대에게 무엇을 좀 나눠주고 싶습니다

내가 가진 게 너무 없다 할지라도
그대여
가을 저녁 한때
낙엽이 지거든 물어보십시오
사랑은 왜
낮은 곳에 있는지를

안도현

가을 속에 여름이

아쉬운 듯 어깨를 토닥여 준 날이었습니다.

떠나야 할 사람이

가야 하면서도 아쉬움에

말없이 어깨 한 번 토닥이면서 떠나듯.

아마도 며칠 후면 가을바람에

낙엽 향이 담겨 있을 것 같습니다.

낮은 곳으로 내려앉을 나뭇잎을 기다리는

가을 저녁입니다.

푸른 책

늦가을 부부까치가 나뭇가지 베란다에 앉아 있다
아침을 한 페이지씩 넘기며 글을 읽는
투명하고 깊은 거기,

아파트 9층 높이에서 잘게 부서지는 햇빛과
달그락거리는 그릇 소리, 물 내리는 소리,
풍경은 풍경끼리 소리는 소리끼리 아른거리며 떠올라
저 창 너머 푸른 책 속에 쟁여지겠다

내가 한 페이지 가뿐히 넘겨지는 찰나,

박유라

책과 사람은

평가하는 것이 아닌

음미하는 것.

특히 사람은

지켜보는 것

기다려 주는 것.

가을비 내리는 밤에

가을바람에 괴로워 애써 읊어도 　　　秋風唯苦吟

세상에 내 마음 아는 이 없어 　　　　世路少知音

창밖엔 밤 깊도록 밤비 내리고 　　　　窓外三更雨

등잔 앞에서 만리길 고향 그리네 　　　燈前萬里心

최치원

고전을 읽으며

순간순간 마음의 답을 찾을 때가 있습니다.

세상에 지친 다산 정약용 선생의

마지막 화두는 '마음'이라는 생각을

『다산집』을 읽으며 해 보게 됩니다.

자신을 위한 마지막 공부였던 '마음'.

"잃어버린 마음을 찾았을 때 나는 나다워진다."

그렇습니다.

외로움과 고독의 해소 방법을

외부경계가 아닌 오로지 우리 마음속에서

찾아야 한다는 다산 선생의 말씀.

쓸쓸하나 쓸쓸하지 않은

내 마음을 들여다보는 일.

나를 바로 보아야 외롭지 않습니다.

나의 마음

어느 집에서는
콩자반을 하는가 보다.
콩자반 조리는 간장 냄새가
지나가는 행인의 슬픔에
더 진한 간장 맛을 안겨 준다.
어느 집에서는
된장을 끓이고 있나 보다.
싸한 고독의 냄새를
짭조름한 된장 냄새가
보듬어 준다.
사람 사는 집도
냄새를 품고 있어
고독이 짙은 집은
간장으로 조리지 않아도
짠 간장 내음이 배어 있고
된장을 끓이지 않아도
짭조름한 된장 내음이
집에 배어 있다.
냄비에 끓인 것이 아니라

마음에 끓여서일 것이다.

주석

먼저 쓴웃음을 짓게 됩니다.

아마도 마음의 허기를 담은 채

길을 걷던 행인에게 전해진

뜨뜻한 된장찌개 내음은

더 큰 슬픔이었을지도 모릅니다.

시인의 읊조림처럼

고독이 짙은 집은

된장을 끓이지 않아도

짜디짠 된장 내음이

집에 배어 있다는 말에,

마음에 끓여서 그렇다는 그 말에,

그만 그 쓴웃음 멈추게 됩니다.

마음 끓이지 말고

냄비에 따뜻한 찌개

끓여 먹는 하루 되어야죠.

희망공부

절망의 반대가 희망은 아니다
어두운 밤하늘에 별이 빛나듯
희망은 절망 속에 싹트는 거지
만약에 우리가 희망함이 적다면
그 누가 이 세상을 비추어줄까

정희성

꽃 피어 있는 집으로 돌아가고 싶습니다.

언제쯤

마음의 집으로 돌아갈 수 있을까요.

가는 길은 멀기도 하고 지난至難합니다.

그래도 가야겠지요.

오늘도 모두 애쓰셨어요.

푸른 밤

짙푸른 코트 자락을 흩날리며
말없이 떠나간 밤을
이제는 이해한다 시간의 굽은 뒷모습을 물끄러미 바라볼수록
이해할 수 없는 일, 그런 일이
하나둘 사라지는 것

사소한 사라짐으로 영원의 단추는 채워지고 마는 것
이 또한 이해할 수 있다

돌이킬 수 없는 건
누군가의 마음이 아니라
돌이킬 수 있는 일 따위 애당초 존재하지 않는다는 사실

잠시 가슴을 두드려본다.
아무도 살지 않는 낯선 행성에 노크를 하듯
검은 하늘 촘촘히 후회가 반짝일 때 그때가
아름다웠노라고,
하늘로 손을 뻗어 빗나간 별자리를 되짚어볼 때
서로의 멍든 표정을 어루만지며 우리는

곤히 낡아갈 수도 있었다

이 모든 걸 알고도 밤은 갔다

그렇게 가고도
아침은 왜 끝끝내 소식이 없었는지
이제는 이해한다

그만 다 이해한다

박소란

영원한 것이라고,

모든 것이 영원한 것이라고 믿었던 적이 있습니다.

그렇게 믿었던 시간에는 변할 수 없다는 것이 무게였을 테고

모든 것은 변한다는 사실을 알게 된 인생 그 어느 시간에서는

변한다는 것이 큰 무게였을 것입니다.

이제 변하고 변하지 않는다는 사실이 중요하지 않은

인생 그 어느 시간의 위에

시간은 흘러가는 것이 아니라

보이지 않는 흔적으로 쌓여 감을

느낄 뿐입니다.

그 마음 고요히

말로써 말하려 말자.
서둘러서 되는 일이란
하나도 없다.

사철 먼 하늘 바래
제 잎사귀로
제 혼을 닦는 푸나무처럼
그렇게 있어야겠다.

키보다 자란 흰 뿌리
내 안에 내리고
물 위에 떠오르는
연잎 같은 마음 하나

그 마음 고요히 그렇게
와서 닿기만 하면 된다.

말로써 말하려 말자.

성낙희

감정경영을 잘하지 못해서

자신에게도 타인에게도

상처를 주는 일이 많습니다.

분노에 찬 말들과 상대를 학대하는 말,

그 또한 모두 자신을 학대하는 말임에도

마음을 통해서 입 밖으로 나가고 나서도

깨닫지 못할 때가 아주 많습니다.

어둠이 내린 시간,

조용히 눈을 감고

반조反照해 봅니다.

살다가 보면

살다가 보면
넘어지지 않을 곳에서
넘어질 때가 있다

사랑을 말하지 않을 곳에서
사랑을 말할 때가 있다

눈물을 보이지 않을 곳에서
눈물을 보일 때가 있다

살다가 보면
사랑하는 사람을
사랑하지 않기 위해서
떠나보낼 때가 있다

떠나보내지 않을 것을
떠나보내고
어둠 속에 갇혀
짐승스런 시간을

살 때가 있다

살다가 보면

이근배

살다가 보면 그럴 때 많습니다.

말하지 않을 때 말을 해서

말해야 할 때 하지 않아서

힘들 때가 있습니다.

그 간단함을 정확하게 안다면

사는 일이

그리 곤혹스럽지는 않겠지만

그 또한 살아가는 사람들의

아름다운 모습 중

한 부분임을 알고 있기에

상처 되는 일들도

사랑하지 않을 수 없습니다.

살다가 보면.

숨 고르기

꽃과 같은 향기로운 하루를 누구나 바라지만 꽃을 피우다가 그만 지쳐 버릴 때가 많아요. 사람은 자신의 과거 실패와 주위의 경험으로 한계를 정한다고 하죠. '더 이상 안 돼.'라고 말이죠.

힘이 가장 많이 들 때 혹은 힘들기 전에 '딱 이만큼이야.' 또는 '이만큼 해도 내 능력 이상을 써 버렸어.'라고 생각하는 것이죠. 그런데 그런 생각이 들 때 조금만 더 해 보라는 거예요.

언젠가 3일간 만 배 기도를 할 때였어요. 마지막 천 배가 몸의 마디마디를 잘라 내는 듯, 지금까지 해 온 9천 배를 다 잊을 만큼 힘들었어요. 다 놓고 싶었죠.

그렇게 한 번, 두 번, 세 번…. 만 배의 절을 마치고 부처님을 바라보며 그저 웃었습니다. 지금 가장 힘들다 싶을 때, 그때가 어쩌면 우리 삶의 절정에 도달하려는 때가 아닐까 싶어요. 여기서 한 번, 두 번 그리고 세 번. 숨 고르기 하며 넘어 보는 겁니다.

자! 하나, 둘, 셋.

마음의 길

"잘못된 길은 이 세상에 없다. 조금 더디고 험한 길이 있을 뿐이다."

우리가 살고 있는 세상은 우리가 생각하는 마음의 모양대로 생성되고 무너집니다. 그래서 불교에서는 '성주괴공成住壞空'이라고 합니다. 이루어져서 머물러 있다가 무너지고 사라지고 다시 형성되고….

천주교 사제들이 등장하는 영화에서 하나님에 반하는 악마를 비유할 때, 결국 사람의 마음속에서 일어나는 분노와 시기, 질투, 증오, 원망이 사람을 갉아먹는 악마로 만들어지는 것이라 하더군요. 모든 것은 '일체유심조一切唯心造(마음먹는 것에 따라 세상이 만들어진다.)'라는 말씀을 다시 한번 생각하게 합니다.

마음으로 만들고 부수고…. 오늘도 그리 무수히 조작하겠지만 마음의 길은 놓치지 않기를 마음 다잡아 봅니다.

그렇게 못할 수도

건강한 다리로 잠자리에서 일어났다.
그렇게 못할 수도 있었다.
시리얼과 달콤한 우유와
흠 없이 잘 익은 복숭아를 먹었다.
그렇게 못할 수도 있었다.
개를 데리고 언덕 위 자작나무 숲으로 산책을 갔다.
오전 내내 내가 좋아하는 일을 하고
오후에는 사랑하는 이와 함께 누웠다.
그렇게 못할 수도 있었다.
우리는 은촛대가 놓인 식탁에서
함께 저녁을 먹었다.
그렇게 못할 수도 있었다.
벽에 그림이 걸린 방에서 잠을 자고
오늘과 같은 내일을 기약했다.
그러나 나는 안다, 어느 날인가는
그렇게 못하게 되리라는 걸.

제인 케니언

아름다운 것은 참 어렵습니다.

요즘에 화두 아닌 화두가 '멋지게 살다 가기'입니다.

아름답게 살다 갔으면 하는 바람입니다.

순간순간 아름답지 못한 일들이 나를 유치하게 만들고

속 좁은 마음이 일렁거리면 속으로 또 되뇝니다.

'좀 멋있어 보자고요. 이 못난 사람아!'

그 멋짐이 밖으로 드러난 멋짐은 아닐 것입니다.

외부경계가 나를 좀생이로 만들기로 작정했어도

욕심을 좀 부린다면 의연하고 싶은 마음입니다.

그래서 살아 있는 것이 부끄럽지 않고

시인의 말처럼

내일 아침에 햇볕을 만나지 못한다 하더라도

오늘 감사한 마음으로 떠나고 싶습니다.

그렇게 못하기 전에.

거울

나는 은빛이며 정확하다.

나는 선입견을 갖고 있지 않다.

무엇을 보든지 나는 즉시 받아들인다.

있는 그대로 사랑이나 증오로 흐려지지 않는다.

나는 잔인하지 않다.

단지 솔직할 뿐이다.

실비아 플라스

내 입장에 서서 상대를 보는 일은 쉽지만

상대의 입장에 서서 나를 보고

또 다른 상대를 보는 일은 쉽지 않습니다.

나의 입장에 서서

상대방을 보려고 하다 보면

나의 기준으로 판단할 때가 많지요.

내 시각으로 내 그릇으로

상대의 시각이 되어

'나'라는 존재를 바라보는 것.

가끔 그렇게

내가 있는 자리를 떠나서 나를 바라보면

잘 보이듯이 말입니다.

우리는 틀린 것이 아니라

다를 뿐입니다.

인생

자주
막막하고

이따금
먹먹해도

늘
묵묵하게

양광모

내 주위 사람들의 표정이

나의 마음 상태를

표현해 줄 때가 있더군요.

비 내리는 저녁

마주하는 사람들의 표정에 비친

우리의 마음이

막막하고

먹먹하고

묵묵하게.

산산조각

룸비니에서 사온
흙으로 만든 부처님이
마룻바닥에 떨어져 산산조각이 났다
팔은 팔대로 다리는 다리대로
목은 목대로 발가락은 발가락대로
산산조각이 나
얼른 허리를 굽히고
무릎을 꿇고
서랍 속에 넣어두었던
순간접착제를 꺼내 붙였다
그때 늘 부서지지 않으려고 노력하는
불쌍한 내 머리를
다정히 쓰다듬어주시면서
부처님이 말씀하셨다
산산조각이 나면
산산조각을 얻을 수 있지
산산조각이 나면
산산조각으로 살아갈 수 있지

정호승

산산조각이 나도

멋지게 살다 가고 싶은 마음이 큽니다.

멋지게 사는 일이 뽐내고 잘사는 일은 아닐 겁니다.

아닌 것을 아니라 말하고

배고파도 아무거나 먹지 않고

타인의 기쁨에 명치끝까지 기뻐하고

타인의 아픔에 명치끝까지

아파하는 것입니다.

눈빛 따뜻하고

눈빛 맑은 존재로

산산조각이 나더라도

그리 멋지게

저물어 가고 싶네요.

너에게

내려놓으면 된다
구태여 네 마음을 괴롭히지 말거라
부는 바람이 예뻐
그 눈부심에 웃던 네가 아니었니

받아들이면 된다
지는 해를 깨우며 노력하지 말거라
너는 달빛에 더 아름답다

서혜진

구태여

사족을 달아서 무엇하리오.

그저 그대로

좋은 것임을.

내가 나에게

쓰러져 다시 일어나려고 애쓰는 내게

또 다른 내가 말한다.

그만, 그만, 그만.

이제 그만 애써도 괜찮아.

충분히 힘들었잖아.

다시 일어나 달리는 것도 분명 중요한 일이겠지.

하지만 지금은 잠시만 그대로 있어.

그만, 그만, 그만.

충분히 노력했어.

내가 옆에서 다 지켜봤잖아.

세상 사람들이 몰라준다 해도

내가 옆에서 지켜봤으니 그래도 괜찮아.

쓰러져 다시 일어나려 안간힘을 쓰는

내게 또 다른 내가 말했다.

이제 조금 쉬렴.

쓰러져 있는 나도,

쓰러져 있는 나를 쳐다보는 나도

두 눈에 눈물이 그렁그렁해졌다.

그만, 그만, 내가 다 알아.

박광수

꾹 참아 오다가

한 번씩 크게 터질 때가 있습니다.

잘 살아오는 듯하다가도

그만 지쳐 쓰러져서

일어나지 못할 때 있습니다.

그럴 땐 시인의 말처럼

그냥 쓰러져 있어 보는 것입니다.

길을 모르면 물으면 되고

길을 잃으면 헤매면 그만입니다.

살다 보니

걷다 보니
이만큼 왔어요.
살다 보니
이런 날도 있더군요.
그리 뭐 어려운 것은
아닌데도
살다 보니
그렇지 못한 날도 많더군요.
살다 보니.

주석

모두 따뜻한 밤 보내고 계시지요.

어쩌다 보니 이만큼 와 있더라는

작가의 말이 생각나는 밤입니다.

어쩌다 보니 원하건 원하지 않건

시간의 모래탑 앞에 서 있는 우리를 만나게 됩니다.

어쩌다 보니 오늘도 밤이 깊어 가고 있습니다.

그래도 하루를

이런저런 기쁨과 슬픔의 교차점에서 힘들었을 우리 마음을

포근한 밤이라는

이불 안에 넣어 봅니다.

휴일의 평화

오늘은 휴일입니다
오전에는 평화로웠습니다
조카들은 「톰과 제리」를 보았습니다
남동생 내외는 조용히 웃었습니다
여동생은 연한 커피를 마셨습니다
어머니는 아주 조금만 늙으셨습니다

오늘은 휴일입니다
오후 또한 평화롭습니다
둘째 조카가 큰 아빠는 언제 결혼할거야
묻는 걸 보니 이제 이혼을 아나봅니다
첫째 조카가 아버지 영정 앞에
말없이 서 있는 걸 보니 이제 죽음을 아나봅니다

오늘은 휴일입니다
저녁 내내 평화롭기를 바랍니다
부재중 전화가 두 건입니다
아름다운 그대를 떠올려봅니다
사랑하는 그대를 떠올려봅니다

문득 창밖의 풍경이 궁금합니다

허공이라면 뛰어내리고 싶고

구름이라면 뛰어오르고 싶습니다

오늘은 휴일입니다

이토록 평화로운 날은

도무지 다시 오지 않을 것 같습니다

심보선

이토록 평화로운 휴일은

다시 오지 않을 것 같습니다.

이토록 평화로운 날이

다시 오지 않는다 하더라도

지금의 평화로움을 기억하겠습니다.

지금 이 순간이

우리의 삶에서

가장 마지막 순간일 수 있으니까요.

지금 이 순간을

사랑합니다.

사람이 풍경으로 피어나

사람이
풍경으로 피어날 때가 있다
앉아 있거나
차를 마시거나
잡담으로 시간에 이스트를 넣거나
그 어떤 때거나

사람이 풍경으로 피어날 때가 있다
그게 저 혼자 피는 풍경인지
내가 그리는 풍경인지
그건 잘 모르겠지만

사람이 풍경일 때처럼
행복한 때는 없다

정현종

어두운 곳에서 책을 펼쳐 들다 다시 놓았습니다.
이젠 돋보기가 없으면 펼쳐 든 책 속의 글이 온통
까만색과 흰색뿐입니다.

어릴 적 할머니의 콧등에 올려진 돋보기가
왠지 좋아 보여 써 보다가
하늘이 빙빙 돌았던 기억이 불현듯 나고
속가 모친의 반짝이던 안경도 생각나고
안경 너머로 하늘을 자주 보시던 선친도 생각나고
은사 스님의 뿔테 돋보기도
오늘은 왠지 그리움으로
가득 다가오는 날입니다.

1년 365일 사랑으로 충만한 마음으로
이름으로 기억되는 분들이지만
시인의 말처럼
풍경으로 그분들이 기억될 때처럼
행복한 적은 없는 것 같습니다.

넘어져 본 사람은

넘어져 본 사람은
넘어져서 무릎에
빨갛게 피 맺혀 본 사람은 안다.
땅에는 돌이 박혀 있다고
마음에도 돌이 박혀 있다고
그 박힌 돌이 넘어지게 한다고.

그러나 넘어져 본 사람은 안다.
넘어져서 가슴에
푸른 멍이 들어 본 사람은 안다.
땅에 박힌 돌부리
가슴에 박힌 돌부리를
붙잡고 일어서야 한다고
그 박힌 돌부리가 일어서게 한다고.

이준관

붓다께서 깨달음을 얻고 삼매에 들어 계시자

붓다의 마음을 조금 이해한 천신들이

중생들을 위해 당신께서 깨달은 진리를 설해 주실 것을

세 번 요청하고 세 번 거절당합니다.

끝내는 중생들을 위해

진리를 전해 주면서 이런 말씀을 남기셨습니다.

"중생들은 심지가 약해 쉽게 흔들리고 진리를 쉽게 믿으려

하지도 않고 오히려 비방한다."라고 말입니다.

왜 그토록 천신의 간청을 세 번이나 거절하셨을까요.

그리고 왜 세 번 거절한 뒤 승낙을 하신 걸까요.

길이 있습니다.

길은 누군가가 걸어가서 길이 되었고

아니면 내가 그 길을 만들면 됩니다.

조금 힘들고 외롭고 슬플 수도 있을 것입니다.

그러나 길은 만드는 것입니다.

그럼에도 불구하고….

출처

박두순, 「발자국」, 『박두순 동시선집』, 지식을만드는지식

김용화, 「마음이 따뜻한 사람」

정채봉, 「인연」, 『너를 생각하는 것이 나의 일생이었지』, 샘터

이기철, 「사람이 있어 세상은 아름답다」, 『저 꽃이 지는데 왜 내가 아픈
지』, 문예바다

김종구, 「인생은 그런 거더라」, 『밥숟가락에 우주가 얹혀있다』, 시와사람

원태연, 「그냥 좋은 것」, 『그런 사람 또 없습니다』, 북로그컴퍼니

김달진, 「삶」, 『김달진시선』, 지식을만드는지식

박세현, 「너무 괜찮다」, 『본의 아니게』, 문학의전당

나희덕, 「산속에서」, 『그 말이 잎을 물들였다』, 창작과비평사

장서언, 「빈 의자」, 『장서언시집』, 신구문화사

이문재, 「푸른 곰팡이」, 『산책시편』, 민음사

신대철, 「강물이 될 때까지」, 『무인도를 위하여』, 문학과지성사

이홍섭, 「생일」, 『터미널』, 문학동네

나태주, 「그리움」, 『꽃을 보듯 너를 본다』, 지혜

함민복, 「긍정적인 밥」, 『모든 경계에는 꽃이 핀다』, 창작과비평사

김남조, 「서시」, 『김남조시선집』, 국학자료원

박두순, 「꽃을 보려면」, 『행복 강의』, 21문학과문화

이형기, 「나무」, 『오늘의 내 몫은 우수 한 짐』, 문학사상사

피재현, 「손을 사랑하는 일」, 『현대시 2021년 4월』

김용택, 「입추」, 『속눈썹』, 마음산책

서윤덕, 「가을 단풍」, 『그 맘 알아』, 솔과학

장석주, 「대추 한 알」, 『저게 저절로 붉어질 리는 없다』, 난다

안도현, 「가을 엽서」, 『그대에게 가고 싶다』, 푸른숲

박유라, 「푸른 책」, 『푸른책』, 한국문연

정희성, 「희망공부」, 『돌아다보면 문득』, 창비

박소란, 「푸른 밤」, 『심장에 가까운 말』, 창비

성낙희, 「그 마음 고요히」, 『먼길』, 시와시학사

이근배, 「살다가 보면」, 『살다가 보면』, 시인생각

양광모, 「인생」, 『양광모 대표시 101』, 푸른길

정호승, 「산산조각」, 『이 짧은 시간 동안』, 창비

서혜진, 「너에게」, 2012 서울지하철 스크린도어 공모전 선정작

박광수, 「내가 나에게」, 『참 서툰 사람들』, 갤리온

심보선, 「휴일의 평화」, 『슬픔이 없는 십오 초』, 문학과지성사

정현종, 「사람이 풍경으로 피어나」, 『나는 별아저씨』, 문학과지성사

이준관, 「넘어져 본 사람은」, 『느릅나무 속잎 피어나듯』, 동학사

그대가 오늘의 중심입니다

초판 1쇄 발행 2024년 8월 1일

지은이 주석
펴낸이 오세룡
편집 여수령 정연주 손미숙 박성화 윤예지
기획 곽은영 최윤정
디자인 행복한물고기Happyfish
　　　　고혜정 김효선 최지혜
홍보 · 마케팅 정성진

펴낸곳 담앤북스
주소 서울특별시 종로구 새문안로3길 23 경희궁의 아침 4단지 805호
대표전화 02-765-1250(편집부) 02-765-1251(영업부)
전송 02-764-1251
전자우편 dhamenbooks@naver.com

출판등록 제300-2011-115호

ISBN　979-11-6201-477-6　03810

　정가 16,000원